JN409084

아침을 여는 새

지성 · 감성의 메타언어
조선문학시인선 · 355

아침을 여는 새

최 연 숙 시집

조선문학사

■ 책머리에

시인의 말

낯선 것에 머리를 사로잡혀
표현하려는 말 아무도 알아듣지
못할 때 언제나 섬에 갇혀
미래와 현재 공존하며 외로운 시간을 보냈다.
늘 곁에 아무도 없는 줄 알았지만
한 생명이 꿈틀거리고 있었다.

2013년 늦가을

최연숙

아침을 여는 새 차례

책머리에 / 5

제1부
매화차 마시며

백자 속 산수화 / 13
바람의 언덕 · 1 / 14
바람의 언덕 · 2 / 16
매화차를 마시며 / 17
구름이 흘러가는 까닭 / 18
그리움 · 1 / 19
그리움 · 2 / 20
강물의 깊이 / 21
번데기 / 22
나무의 울음 / 23
꿈을 잃어버린 손 / 24
남 몰래 간직한 말 / 26
고체도 말을 한다 / 28
분노 / 29
어떤 기다림 / 30
어떤 차이 / 32
어느 날 탐미 / 33

어머니 갈래길에 서서 / 34
언제나 내 손은 시리고 / 35
영역 다툼 / 36
잡지의 인생 / 37
푸르기만한 허공 / 38
추억 / 40

제2부
남몰래 간직한 말

벌떼 / 43
동창회 / 44
금주리 향나무 / 46
김제 지평선 / 47
석화 / 48
섬진강 / 49
외딴 집 / 50
지하철 놀이터 / 51
천년의 숨결 / 52
직탕폭포 물고기 / 54
참새 시공 / 55
동백정 / 56
덕유산에서 / 57
비를 기다리며 / 58

모나리자 눈썹 / 59
대숲 바람 푸르르고 / 60
그녀의 침묵 / 61
지리산 고로쇠나무 / 62
블루베리 / 63
산책길에서 / 64
아침을 여는 새 / 65
안개 물러난 자리 / 66
안개 속에 떠오른 태양 / 67
어느 수집가의 방 / 68
운무가 그린 그림 / 69
육자배기 따라 부르며 / 70
청옥산의 울림 / 71
출렁이는 하늘 아래서 / 72
한강대교 오가며 / 74
호미의 습성 / 76

제3부
꽃의 고백

매화 / 79
이른 봄날 / 80
봄, 삼청동 길 / 82
목련 / 83

기다림은 살아난다 / 84
꽃의 뒷모습 / 85
나팔꽃 / 86
고향집 복숭아밭 / 87
꽃불 / 88
꽃의 고백 / 89
가시연꽃 / 90
가로등과 달맞이꽃 / 92
장미꽃가지 흔들며 / 93
단풍과 낮달 / 94
바람 부는 날 들국화 / 96
가을을 흔드는 여인 / 98
겨울바다엔 가지 말아야지 / 99
눈 내리는 밤 / 100
겨울 식물 / 102
겨울나무 / 103
관음죽 / 104
꿈의 정원 / 105

제4부
시집 평설

세 시역의 아름다운 조화 · 박진환 / 109

제1부

매화차 마시며

백자 속 산수화

한줌의 흙

도공의 호흡으로 빛을 살리고

천 삼백도 열기를 견디어 나와

비로소 숨결을 내 뿜는다

청아한 향기 품은

마알간 목소리로 말을 건네고

솟구친 산봉우리 청솔가지 뻗으며

가까이 하얀 달을 품는다

바람의 언덕 · 1

고원을 빠져나온 바람이
태백산맥에서 풍차를 돌리며
잃어버린 고향을 찾기 위해
내면이 드러나도록 큰소리로 운다

계절 모르던 시퍼런 배추밭은
말랐던 바람의 수분을 음미하며
탄소동화작용으로 잎맥을 정화시키고
프로펠러 날개가 불러들이는
빛의 기억으로 눈동자 잠재운다

몇억년 전부터 떠돌던 혼
방랑기를 접고 절대 음감으로
뒤흔드는 산맥의 시간 속에
잠들었던 도시의 골목을 일으키려
막힌 혈을 울음으로 뚫는다

자유세계를 꿈꾸는 에너지
울음으로 벌판 내달려와
빛으로 저장하고
이 땅에 떠도는 것이 아니라
바람소리로 우주를 싸안아 품는다

바람의 언덕 · 2

– 파주 평화누리 공원

바람의 길은 통일입니다

오월의 임진강은 찔레꽃
눈물이 범람하여
빈혈이 일어나 차마 볼 수 없습니다
비워서 하나 되고자
임진각을 지키고 있는 흔들림

생명과 통일을 믿는 바람개비
눈물을 닦으려 쉼 없이 돌지만
길은 어디에도 없어
흔적을 지우려는 벌레들이
나뭇잎을 갉아먹어 바람의 길을 막습니다

남과 북 손잡고 달려가는 날
좌 우 풀어 헤치고 뒤섞이는 그곳
언덕에서 같은 곳을 바라보며
하나로 나부끼며
바람은 자유로를 달립니다

매화차 마시며

벌쭉거리다 뚜렷한 무늬
한번 새기지 못한 나에게
광양에서 친구가 매화차 보내왔다

물 끓이고 꽃잎 띄우니
만경창파 은빛으로 일렁이며
체온으로 퍼져 속살거리다

잠시 잊었던 모습
꽃물로 되살아나
속생각 향기에 젖어
문을 열고 달린다

하루가 시린 날이면
자주 물을 끓인다
허물은 재우고 자꾸 웃으며 피어나
깊은 밤 화인(花印)으로 찍힌다

구름이 흘러가는 까닭

흘러가는 것은 아름답다

날아오르지 못한 꿈이
가슴앓이를 하기 때문이다

세월에 떠밀려 온 섬
바람이 펼쳐 놓았나
흐르는 구름 위 잔 띄어 놓고

축배를 들자던 약속이
강물 소리로 씻겨
하늘에 두둥실 떠올라

꽃 새 나비
무엇이든 되어
너에게 흐르고 싶기 때문이다

그리움 · 1

심은 적 없어도 가슴 한 가운데에서
내 심장 뜯어먹으며 잘 자라고 있어
뽑아버리려고 깊은 밤 홀로 일어나
커피 물을 끓이며
숲속 오솔길을 떠 올린다

여기에 버리자
별과 이슬 양식 삼아
오염되지 않은 우주의 가인(歌人)
다시는 추억하지 않아도 될 아이
안개에 가려진 골짜기에
살며시 내려놓고 돌아섰다
등 뒤에 박히는 눈망울
더욱 선명해진 하루

그리움 · 2

돋보기 쓰고 확인 할수록
안개에 가려진 골짜기
만지려고 가까이 갈수록
멀어지는 산봉우리
아우성이 세월 따라 지우고
또 다시 지우는
봉우리 어디쯤에서
떠오르는 더욱 선명해진
그림자
내 마음의 풍경이
이러한 것을

강물의 깊이

강물은 깊이를 모른다

물의 꿈은 아침 안개로 피어올라
산봉우리 섬으로 만들고
닿을 곳 어딘지 모르면서
한눈팔지 않는다

흐르는 물살
파 놓은 웅덩이에 빠져 잠시 소용돌이치다
살아야지 살아내야지
떠나지 못한 철새울음 강가에 찍힌다

물길 따라 배움 얻고 터득했지만
산비탈 굽이굽이 훑고 부딪힌 상흔
허기진 지느러미 강바닥을 긁어 모래성 쌓는다

외로운 눈은 강심에 초점 맞추고
깊이를 알 수 없는 강물소리
산 높이로 강심을 잰다

번데기

물 건너 온 번데기 한 자루 사온 날부터
내 겨드랑이를 만지면 외롭다
봄바람에 나비의 꿈 기다렸지만
날갯짓이 마른 바람에 뜯어 먹힌 채
몸뚱이만 남아 봄 냄새라고 했다
얼음 꽃을 탓할 수 없었다

꿈은 이불 속에 살고
그 속에 있는 눈동자가
깜깜해진 벽을 뚫고 허공 맴돌며
깊은 곳에서 고물고물 기어가는 생애
무너진 변주곡에 맞추어
번데기 날개가 이불 속에 있다

주름사이로 빠져나온 거미줄이
여자 목을 붙들고 애무하며
나비라고 했다가 부드러운 미소라고 했다
햇볕 좋은 날 번데기 한 수저
입안에 떠 넣고
어깨쭉지 폈다 접었다를 반복한다

나무의 울음

마을 뒤 산등성이 타고
소슬 바람 따라
홀연히 떠나셨던 아버지
한 그루 나무로 정정히 서 계시네
내가 곁에 서 있는 줄도 모르고
예전에 듣지 못했던 울음
오늘에야 여기서 듣네

진달래술 익을 때면
어머니는 앞치마 마를 날 없었고
아버지는 벗들 불러 마당에 웃음 가득 했네
병아리들은 그 웃음소리에 어미닭 되어
홰치는 소리에 새벽은 밝아 왔네
돌아오지 못할 먼 길 가신다는 말씀 없어서
구두 닦아놓지 못했고
손수건도 챙겨 드릴 수 없었는데
이제 큰 나무로 우뚝 서서
바람이 불 때마다
맨몸으로 빈 둥지 지키며
시름시름 울음 흘리네

꿈을 잃어버린 손

머리에 빨래를 이고
시냇가로 나가서 얼음 물에 빨아
하얀 소식들 빨래 줄에 가득 널고
해질 무렵이면 된장찌개 끓여
가족들을 기다리고 있었다

굳은 살 박혀 시린 손 갈라져도
간밤에 내린 눈 탓 해본 적 없이
세탁기와 압력솥에
내 자리 내어주고
이제 꽃꽂이를 한다

아무래도 설기만 한 손끝은
꽃 웃음 앞에서
제자리가 그립기만 하다

슬며시 일어나 부엌을 기웃거리지만
빵 굽는 전자렌지가
가족의 끼니를 챙긴다

회색빛 하늘에 눈이 내릴 것 같지만
달려갈 시냇가 빨래터 없으니
물풀에 베어든 손길
또 하나의 봄을 겨웁게 꿈꾼다

남 몰래 간직한 말

– 영랑 생가에서

찔레꽃 수놓은 언덕 너머
하늬바람 따라 다가선 날
져버린 모란과 마주 했네

뚜껑 덮힌 우물 옆
꽃밭 거닐던 발자국 소리 들리지 않고
더러 새들이 지저귀고
살구 익어 금빛으로 일렁이네

문 열린 사당 안
남아 있는 체취가
초여름 비에 촉촉이 젖네

담쟁이 넝쿨 손짓해도
바람소리만 가깝고
돌에 새겨진 모습
시비 앞에서 바라보네

마당 한 바퀴 휘돌아 나오며
남 몰래 간직한 말
석류나무 위에 걸쳐놓고 돌아 섰네

고체도 말을 한다

깊은 밤 하룻내 시달렸던 부엌의 고체
사람냄새가 사라지더니 반란을 일으킨다
툭, 톡, 도독, 웅얼거리기 시작
뒤틀린 신음소리가 밤을 건너고 있다
참아왔던 시간이 무너지면서
섬이 되고 무의식에 잠겨 있던
신경이 일어나 부드러워지는 연습 중이다
죽은 것이라고 믿었던 것들이 살아 있어
짙은 체취가 묻어 있던 살림살이
가파를수록 아찔한 것에 기대어
새벽을 부르며 말을 하고 있다
이제야 비로소 가벼워지다

분노

죽은 자가 앞으로 한걸음 나갔다가
뒤로 세 발짝 물러서며
길 위에 수없이 나열하는 쓰레기들
갈지자에 짓밟히며 차여
허공으로 떠오른다

어떤 기다림

내 기다림은
광화문 빌딩 모서리에
수북이 피어난 안개꽃이다

첫눈 내린다는 일기예보에 나섰더니
나뭇가지에 내린 눈송이 눈 부시고
길 위엔 별빛들이 쏟아진다

불빛의 강을 바라보며
잃어버린 시간들 추스려
못 다한 말로 공간을 메워보려 해도
한마디 챙길 수가 없다

서툴렀던 몸짓의 지난 그림자
하늘 깊이 묻어버리고
이제 곧추서는 연습을 해야 한다

사랑한 날 보다 더 긴 기다림
어둠 속에 심어 놓고
희미해진 별빛 한데 모아
짙은 안개꽃 위에 뿌린다

어떤 차이

육체를 지배 하는 정신
정신을 지배 하는 육체
둘 다 정답인데
하나는 고전이고 하나는 현대적 답이다

지는 것이 이기는 것
이기기 위해 져주는 것이란
정신 덕목
입 꾹 다물고 날마다 져 줬을 뿐
이긴 적이 없다

비워야 채워진다
채우기 위해 비운다
날마다 기도 하며 비웠다
채워진 적이 없다

사랑하면 보내야 한다
보냄도 사랑이라 믿고
품고 있다 멀리 보냈다
눈물로 세월 보낸다

어느 날 탐미

농원에서 마주보며 웃은 인연으로
블루베리나무와 함께 살게 되었다
한겨울 아랫목에 묻어놓고
종일 너만 바라다보았고
그러는 나를 외면 할 수 없었던지
겨울잠을 자지 않고 깨어있던 너
어느 날 무수히 종을 달고 나와
방안의 어둠을 타종으로 걷어내고
은근히 퍼지는 종소리에 취해
매서운 바람만 피하면
봄이라 생각 했다
아랫목이 사랑이라고 믿으며
열매 맺지 못하는 흩어진 꽃잎
그 위에 가슴을 대고
한없이 떨어지고 있다

어머니 갈래길에 서서

귀갓길 발자국 소리 기다리다
실어증 찾아오고
아스라한 기억에 가장자리 맴돌면서도
하루에도 수십번 씩 밥사발 내밀며
보약 먹었냐고 물으신다

척박한 땅, 옥토로 일굴 때마다
비바람과 맞서고도
몸살 한번 앓은 적 없으시더니
지금은 온갖 진료증 챙겨
연신 뒷방 건너다보며
아들보다 더 병원을 챙기신다

매양 잔치집 불려 다니던 솜씨
어디에 놓아 버리시고
앞서가는 시간을 뒤쫓다 다시 돌아와서
"들어와 밥 먹어라"

이제 그 밥사발을 들고
어머니 갈래 길에 내가 서있다

언제나 내 손은 시리고

휘파람 불며
나뭇잎에 쏟아지는 햇살 줍던 날
하고픈 말 감춘 채
맑은 물소리 들으러 가자고
거울 앞에 선다

절룩거리는 발목 붙잡아
거울 속에 비추어진 모습
물구나무서서 따라다닌다

언제나 내겐 들어갈 틈새는 비좁고
내민 손은 시리기만 했다

선뜻 길 나서지 못하고
한 쪽만 닳은 구두 굽 어루만지며
진종일 문턱 바라보다가
살아생전 어머니 가슴앓이였던
꽃신발 꺼내 안고
돌아 앉아 눈 감는다

영역 다툼

십이층 좁은 공간에서
영역 싸움이 벌어졌다
앙칼진 목소리 한 옥타브 올라가면
둔탁한 목소리도 따라잡기에 나서고
수세에 밀린 목소리가 유리창 파편으로
튀는 동시에 냄비에 날개를 달아주는
전법을 쓰고 있다
긴 울음으로 맞서서
벽을 밀어내고 뒤돌아보니
넓어진 공간은 한 평도 없다
끝나지 않은 투쟁 수평선 긋고
자존심들이 손잡고 휘파람 불며
산책길에 나선다
또 다른 투쟁을 충전하기
위하여

잡지의 인생

의미와 소리로 씨줄 날줄 삼아 엮은
채로 걸러낸 말과 글로 집을 짓다

장밋빛 문장이 모여져서
한 페이지의 획을 긋는 찰라
칭찬의 가시에 찔려
입 바람으로 언어의 집을 허물었다

퇴색한 문장 널부러져
감나무에 걸리더니
땡감으로 낙과 한
구겨진 생 한 페이지

높새바람 일으킨 언어
천년을 살겠다며
하루살이가 되어 날아간 후
배달된 글을 모두 물어뜯는다

푸르기만한 허공

– 울지 못하는 청개구리

희미해져가는 눈빛 놓치지 않으려
어머니, 내가 보여요, 외쳐보지만
먼 곳을 응시하며 마른입 꼭 다무실 때
눈에서 반짝이는 흰나비 떼
병실 창밖으로 날아갔다

하늘 아래 남겨질 두려움에
이제 어떻게 목울음으로 울부짖지만
허공은 마냥 푸르기만 했다

푸르디푸른 달빛 따라
박꽃이 지던 한여름 밤
흔들리는 나뭇가지 끝에
바람 하나 걸어놓고
울지 못하는 청개구리 한 마리
나뭇잎 뒤에 숨었다

일상의 의자에 앉아 체하는 일 없이
서쪽 빈 방 창가에서 보이는
울퉁불퉁한 저 길
숨이 차 걸을 수 있을는지

추억

보이지 않는 깊이에 있지만
가끔 꺼내어 만지작거리면
군것질이 되어주기도 하고
시간의 여행 속으로 인도하기도 한다

허기진 날은 다섯 살의
기억을 되새김질 하며
봄볕에 데워진 논물에 향수 뿌려
개구리들이 연 토론회에 참여 한다

어머니 맨발로 달려 나와
세상 헛딛지 말라시며 젖는 발 앞에
교과서로 길을 열어주며
배고픔을 달래라 하신다

종일 주린체 하늘바라기 하며
되새김질로 포식한 포만감
채워지는 지나간 시간 뒤적이며
불룩해진 배로 보낸 하루

제2부

남 몰래 간직한 말

벌떼

우리 동네가 담벼락에 키운 장미
붉은 입술들의 배웅을 받으며 무거운 어깨들이
일용할 양식을 얻기 위하여
예배당으로 발걸음을 옮기는 시간
입술은 타인의 먼지도 가지고 나와 턴다
행인들 등 뒤에 묻어나기도 하고
옆집 창문에 달라붙어 안방이 골목으로
끌려 나오기도 한다
절정을 이룬 한 송이 꽃이 남발한 향기
벌떼들의 아우성에 손톱이 뒤섞여
담벼락 긁는다
벌떼들의 독침 엉킨 머리카락
소문이 동네를 뜯어먹어 짓밟힌 골목
문패 하나씩 지워가며 한낮에도
쥐 죽는 듯이 고요한 동네
담벼락 꽃 대신 자동차가 운반 되어
경계가 무너진 날 너를 사랑한다는
가장 위력 있는 말로 벌집을 만든다

동창회

제마다 사십여년 긴 세월의 빗장을 열고
봄바람에 실려 변산반도 바닷가에 모였던 밤
삶의 가운데서 잃어버렸던 유년의 얼굴들이
백사장에 낙관으로 찍혀
잠시 어색함도 빠져 나가
밤새 이야기 이불삼아 덮고 누웠다

누구는 소나무 되어 뒷동산을 잘 지키고
진한 솔 향으로 차가 되어 피어오른다
누구는 가난을 밑천삼아
남향으로 창문을 내 그 밑에
장미꽃이 만발하고 향기가 그윽하며
꿈이 추락한 맨발은 없다

식당에 차려진 아침밥
밀린 얘기와 바다가 상위에 올라 성찬이 된
바다를 먹고 이야기를 먹은 우리는
푸른 파도로 밀려왔다 밀려간다

동창생 만나고 온 이후
베갯머리에서 늘 들리는 갈매기의 노래와
가슴을 치는 파도소리

금주리 향나무

깎아지른 비탈에
맨 몸으로 향나무 한그루 품고
어울리지 않는다 수군대어도
입 다물고 제 자리 지키는 바위

거치른 살갗에 뿌리 드러내고
비바람 마주하느라 무늬진 나무
언제부턴가 일구어 낸 터전
사철 푸르게 우거진다

바위는 빗장 풀고 산을 내려와
내내 비켜 지내온 나날
발아래 대를 이어
가지마다 사연 걸어놓고
매서운 바람 불어와도
제 나이테 새기며
정정히 하늘 받들어 섰다

※ 금주리 : 경기도 포천시 금주산 아래 있는 마을 이름.

김제 지평선

- 땀에 젖은 들녘

금빛 파도
황금으로 영근 저 결실들은
기록되지 않은 늙은 농부의
땀방울로 익은 것이기에

심장 없는 허수아비에 쫓겨
심장 있는 새 날아가고
돌아오지 않는 들녘엔
바람 소리 뿐이다

황금으로 쌓아 올린 성주들은
권력 잡기 힘에 부치는 날이면
고공 물가는 농산물이라며
들판을 쥐어 짠다

찬바람 부는 날
짓눌린 뼈들이 바라보는
끝이 없는 김제 평야가
노을을 지고 넘어 간다

석화

– 사막에 피는 장미

몰아치는 모래바람 속에서 절벽을 오르는
낙타의 발굽은 물소리 튕겨 내며 끝없는
사막의 바다로 태양을 짊어지고 횡단 한다

우물은 꽃으로 팠다고 했다
그 속에 별로 뜨는 일
그의 출생지 사막 피빛이다
소말리아 울음이 불볕에 달궈져 피어난 석화
수억 년의 바람소리 가르며
부서지는 달빛에 기억을 가두었다
하늘 구름 한 점 없이 거두어 가고

가끔 꺼내어 숨결을 핥아주며
불꽃으로 태양에 타고 있는
유배된 불모지 성에 종이 울려야 한다
눈 뜨지 않은 생명을 위하여
한 방울의 빗물 저장하기 위해
찬란한 죽음으로 맞선다

섬진강

산자락 밑에 산을 닮은 사람들
물안개로 피어나

굽이굽이 돌며 맑고 투명한
말씀 전하고 있다
받아 마신 말씀이 투영되어
속이 훤히 들여다보이는

거짓말이 살 수 없는 강가에
철새들이 날아와 목을 축이며
지친 날개를 내려놓는다

지켜보는 깊이의 흐름
기슭, 언덕에 그리움으로 남아
하얗게 하얗게 강 건너고 있다

외딴 집

사방이 산수화 그려져
바람소리 새들의 노래 구름으로
떠받쳐진 외딴 집

그곳에 사는 여자는
사람들 손짓은 알아보지 못해도
한줄기 바람이 참나무 가지 흔드는 이유
빨라진 다람쥐 발걸음은 알아챈다

어스름 마당가 차지하면
하나 둘 돋아난 저녁 별 너머
신음하는 한쪽 늑막과 깊어가는 밤
잠은 더욱 반짝반짝 풀냄새가 난다

늙은 담벼락 밑에서
밤새 풀벌레 외침
세상은 아득히 멀어져
혼자 사는 이유 물으면
한 폭 산수화 창문에 얼비치어
묵묵히 내려다보는 반달

지하철 놀이터

축구 선수 복장으로
옆구리에 공을 끼고
승강장으로 내려와
무지개다리를 건너다니는 해맑은 아이

행인들의 바쁜 걸음 틈바구니에서
한바탕 숨바꼭질로 공을 찬다

이럴 때는 언제나
역장님 다가와 맞장구치며
술래가 되어준다
흐린 날은 어디론가 멀어 지고 있는
발걸음 소리 알아 차렸는지
하늘 향해 울부짖는 그를
포근하게 껴안아 준다

오늘도 들락거리며
지하철 역무실 문을 여니
눈시울 뜨거워지는 눈길이 모아진다

천년의 숨결

– 대가야 박물관에서

휘늘어진 실버들가지 잡고
고령 가는 길
연두빛 신록에 내 울림 내려놓고
가야산 바라보다가
어느새 산이 되어간다

산줄기 끝자락 차지해 앉은
마을 낯설고
서투른 손길로
열두 줄 가얏고를 튕기면
우륵의 신명(神明)이 꽃구름 타고
하늘로 흩어져
이골저골 맑은 물이
낙동강으로 흐른다

지산동 고분 속 순장의 숨결은
싸늘한 바람 소리로 남아
이봄 생명들이 태어나고

깨어날 줄 모르는 어둠 가운데
불꽃으로 번진다

다시 빛나는 금관은
잃어버린 가야를 되찾아
천년의 숨소리로
고령 땅을 지킨다

직탕폭포 물고기

물살 거슬어

하얀 절벽으로 튀어 오른다

올라도올라도 은빛 몸짓일 뿐

산천엔 물소리만 자욱하다

참새 시공

구름 속에서 흩어지는
한 줄기 빛을
참새가 낚아채듯 부리로 물어와
목쉰 까치에게 건네준다

공작새의 우아한 깃털을 좇으며
카메라에 담겨 어느 소녀의 방
한켠을 차지할 미래를 호흡하며
햇빛을 쪼아 먹는다

쪼아 먹은 햇살의 소화 불량
찬란한 빛의 색채는
깃털로 피어나지 못한 채
알몸 드러낸 박제로
하늘 가득 번지는 광자 결정

동백정

- 마량리 동백 숲

호젓한 바닷가 기슭 고백도 하기 전
작별한 그의 무덤에 오랫동안 머물던
갈매기 붉은 울음의 숲
앓아왔던 함구증이 하얀 뼈를 엮어서
오륙도에 띄우고
봄이 오는 풍경 속으로 들어갑니다

태고의 상처 흔적 없이 지우려
몸부림 친 까맣게 타버린 살결은
온 몸의 열기를 빼버리기 위해
결빙의 시간을 만들어 조금씩
입 열어 말을 하기 시작 했지만
알아듣는 사람은 없었습니다

쾌청한 날에 수없이 만들어지는 무덤
땅을 적시는 한 움큼의 통곡에서
음악 소리가 나고 그 악기
바다 안개에 잡히지 않는 출렁임
바람의 무덤에 사랑은 없고
예감만 봄 속으로 뚝뚝 떨어집니다

덕유산에서

하얀 구름 속으로 곤도라를 타고 오르니
어제 내린 비
굽이굽이 흐르는 골에
밤새내 나누던 얘기 펼쳐진다

파란 바람결 따라 귀 기울이다
불어오는 바람에 흔들리지 않으려
바위를 붙잡은 순간
벼랑 끝에 서 있는 나를 본다

어두운 기억들 봉우리에 풀어놓고
이정표 앞에서 늘
뿌리 드러낸 나무와 마주쳤다

비바람에도 버티고 선 구상나무
살아 천년
죽어 천년

지워 지지 않을 한 폭의 그림
안개비가 감싸준다

비를 기다리며

푸른 잎맥이 나풀거리던
산모롱이 돌아 올라가면
맑은 목소리로 귀 씻어주던 계곡
마주하면 옥색으로 물들어
파란 언어가 일렁이던 곳

가을 내 비 한 방울 내리지 않아
잦아드는 물소리 푸른 비린내가 난다
꽃의 마지막 웃음위에 햇살은 못질을 하고
마디마디 꺾이는 울음 내려오는 산그늘에 묻힌다

맑은 하늘 그리울 땐
언제나 물속 들여다보았지
마른 잎 구르는 계곡
한 때 내 품에 눕던 그런 하늘은 아니다

가물가물 멀어지는 숨결 파문으로 일다가
마른하늘 천둥소리로 쓰러져
촉촉이 젖어간다

모나리자 눈썹

빈방에 걸려 있는 액자 속
여자의 미소가
눈썹 지우고 걸어 나와
사람들 시선을 굴복 시키고
허물을 덮어 순결케 합니다

평생 납덩이 하나 지고 다니던 눈썹
낡은 생각이 미래를 죽이고
현재를 잡으려하면 피투성이가 되는 것
견딘 만큼 미소로 이룩하는
창조된 날개 폅니다

내리쬐는 태양
빛이 강하니 짙은 그늘 벗어나려
선연한 핏줄로 생을 응시하니
존재의 형식은 무너지고
모나리자 눈썹 완성됩니다

대숲 바람 푸르르고

– 다산 초당에서

초당 오르막 길
한낮 햇볕도 나뭇잎이 가렸네
가쁜 숨 몰아쉬어
다다른 마당에서
천둥소리 들었네

율정점* 갈림길에서
눈 마주하여 부여잡은 형제 손에
사정없던 바람은 간 곳이 없네

약천수 넘쳐흘러
석가산 연못 에둘러 내린 산빛
대숲 바람으로 푸르고

천일각 올라 건너다보니
들녘에 펄럭이는 깃발
우이섬 가뭇없고
굳게 입 다문 정석 바위
활짝 문 열린 집 지키네

※ 율정점 : 전남 나주시 북쪽에 있던 주막거리.

그녀의 침묵

그의 마지막 솜씨
김치냉장고에 두고 떠난 후
옆구리가 시린 날
세상 억울한 날이면

한 가닥 찢어먹고
맵지도 않는데
눈물 훔치며
고춧가루 탓만 하였다

오년 동안 간직 했던
흔적을 마지막 삼켰더니
굳게 닫힌 냉장고가
지구를 쓸쓸하게 만든다

지리산 고로쇠나무

겨울바람 정정히 견뎌내고
가지에 파아란 잎새들
대지를 딛고 일어설 때
어디선가 가까이 흐르는
물소리

산허리에 봄 눈 녹는가 싶더니
나무마다 긴 수액봉지 달고
하나하나 이름 새겨지네

풍경 소리 울려퍼지는 가장자리
이 골물과 저 골물이 흐르다
휘돌아치는 기슭의 고찰을 찾아
수액을 마신 손님은
손 씻고 합장하네

지리산 계곡은
고로쇠나무 마른 숨결 가득하고
무성한 숲 그리느라
햇살 등지네

블루베리

까만 얼굴에 반한 날
입술을 포개어 보았다
밍밍한 맛에 이끌려 온
나비 한 마리
검은 눈동자에 숨겨진 신비 탐험 하다
별들의 노래를 들려준다

별 입안에 넣고 깨물으니
과육으로 터진 까만 생각들이
달콤하게 익어가는 하늘을 닮았다
한여름 불볕 세례에
숨 가쁜 세상의 저울 산꼭대기에 걸어놓고
모두 별이 되기를 바라며
오늘도 뙤약볕의 담금질을 이겨내고 있다

산책길에서

늘어진 오후 오솔길 걷다가
돌 위에 앉은
다리 감춘 여자를 만났다
땡볕아래 갈라진 혀
날름거리며 뿜어낸 열기
아담의 후예 나락으로 빠져들어
꿈결 바람은 바닥을 핥고
찢겨진 언어
땅에 떨어지는 순간
비명 들리며
숲이 수런대기 시작 했다
새들은 앞뒤로 날아다니며 울어대더니
빈 둥지 남긴 채
푸른 허공으로 날아가자
얼룩진 허물 벗으러
스믈스믈 기어오르는 오솔길 따라
하얀 울음 토해 낸다

아침을 여는 새

새의 날개엔
어둠이 업혀 있었고
어둠 뒤엔
아침이 업혀오고 있었다

간밤
숲속 벌레들이 부르던 이름들
잎새에 새겨져
금빛 햇살로 도금 되고

도금된 이름 석 자 속엔
내 그리움도 새겨져
긴 밤 내 발성은
새 울음으로 울었다

울음으로 품은 부화
아침을 여는 새의 부리 끝에서
껍질을 벗는 꿈들이
태어나고 있었다

안개 물러난 자리

자욱한 안개 산골 아침을 닫고
앞산 휘감아 더듬거리다가
고개 돌려 봉우리 넘어가면

마지막 편지 쓴 나뭇잎은
고운 이름 새기고
배낭 없는 긴 여행 나선다

귀뚜라미 노래 점점 짧아지고
다급해진 다람쥐 울음소리
한 가닥 바람결로 스러져
공명으로 울린다

한줄기 햇살 불씨 되어
붉은 빛으로 타오르는 산
까마귀 울음 몰아쉬고

넘실대던 안개 물러난 자리
고스란히 펼쳐지면
지나간 이야기는 묻어 줄 참이다

안개 속에 떠오른 태양

산새 울음 온 산을 흔들어
잠 못 들게 하더니
어느 골짜기로 깃들었을까

나뭇잎만 흔드는 기척 일뿐
그대 향한 간절한 바람
아침 안개에 휩싸여 떠오른다

약속 없이 만나는 첫 순간
두 눈을 떴다가 감아본다
눈 부셔 바라볼 수 없던 내 사랑
한나절 감겨 안개 행간을 가르고

가장 높은 곳에서 떠오르는
그대 눈빛
거부할 수 없는 열망을
심장의 피로 밝힌다

어느 수집가의 방

한여름 오후
푸른 물결 일렁이는 바다로 오라고 했다

하얀 포말들이 밀려와 섬 하나 만들고
장식장 즐비하게 놓여진 물고기
산호 조가비 게 배
별 이야기 곱디곱게 담은 소라
낮은 목소리로 내 유년의 노래를 부른다

아우성치던 몸부림은 썰물로 씻겨가고
닻을 올려 파도 타면
뱃길이 열려 하늘을 본다

갈매기 울음 너머 떠있는 섬
뱃고동소리 울리는 석양녘에
오늘이 다 가기 전 등대지기가 만나보고 싶다

한 마리 물새가 점 하나로
사라져 간다

운무가 그린 그림

비에 젖은 가을 해질 무렵
너를 찾으러 덕유산에 오르던 날

계곡을 타고 파도도 없이 내려온 운해
잠들어 있던 용 한 마리가
승천했는지 달궈진 하늘가
운무의 막사 커튼이 내려지고 있다

푸른 잎맥
어느덧 떨어지는 계절로 바뀌어
형형색색의 꿈 조각으로 흩어지고
흩어진 꿈들이 다시 구름 편대를 이루어

산자락 빠져나와
이집 저집 하나씩 지워
동네 지우고 산을 삼키더니
지상과 천상의 어디쯤
용이 올라간 승천의 길 위에
또 하나의 길을 만들고 있었다

육자배기 따라 부르며

사방에서 질퍽거리던 어둠 걷어내고
긴 터널 빠져나와 하늘바라기 하고
황혼에 젖어들었다
가파른 언덕배기를 타고 넘다가
두세 번 목울대 꺾으면
저 밑바닥에서 일던 모랫바람도 잦아든다
소릿길 열리는가 싶더니
얼씨구나~아, 헤~에, 허리 휘감겨
파르르 떨리는 진양조 가락 울컥대다
감추어 오던 속내를 내보이면
깊은 밤 흔들어 깨우는 달빛 밟으며
한걸음에 달려와 줄 그대 맞는다
추임새에 살아난 신명이
굽이굽이 헤쳐온 숨결
하얀 동백꽃으로 피어나 길을 밝힌다
시작과 끝이 함께하는 겨울
한복판에 서서
목청껏 소리 뽑아 날린다

청옥산의 울림

새롭게 태어나고 싶거든
청옥산으로 가라

그리움에 취해 덜 깨어난 초원의 새벽
정지된 시간 금강초롱 호롱을 밝혀
수많은 야생화 잠을 털어내며
빛으로 오는 생명들 너울거린다

청청(靑靑)한 바람소리에
귀 씻고 마음 씻고 눈 씻어
속진 날려 보내니
발가벗고 서 있어도
두 손으로 얼굴 가릴 일 없다

산은 산으로 서 있고
생명은 생명으로 좋아해
새롭게 태어나는 그리움
청옥산의 느낌표가
시간을 흔들어 깨운다

출렁이는 하늘 아래서

배냇저고리 지어
어머니는 새벽마다 정한수 떠놓고
두 손 부벼 잘 자라기만 빌고 빌었다

먹구름 가르고 뇌성 치더니
열병이 마을을 휩쓸고 지나간 후
다시는 바른 자세로 걸을 수 없었고
이때부터 넘어지기 일상으로
하늘이 출렁거렸다

며칠 전 외출 했다가
성형외과에 들렀더니
멀쩡한 눈 코 광대뼈 진인 사람들
마주 보며 양손으로 눈을 가린다

눈 내리는 거리를 걸을 때면
발자국 마다 눈물 어리고
굳어가는 근육보다 더 두려운 건
짐짓 외면하는 행인들의 시선이었다

늪에 빠질 때는 언제나
그 자리 그대로
연꽃이 되기를 기도 올린다

한강대교 오가며

누추한 잠 자리 밀어내고
허튼 춤 추다가
시작과 끝이 엇갈리는 하루
한강대교 지나며
불빛 아래 코끝이 알싸하다

강물에 비춰나는 불꽃은 눈부셔
별무리 속에 헹구어도
급물살에 출렁이는 등불 빛이
강 가운데서 젖은 날개로 파닥인다

땀방울로 내뱉는 숨결
고운 손길로 챙겨볼수록
어설픈 웃음
꽃을 마주하여 물어보지만
꽃잎 떨이지는 소리 수북하다

잠시 버려둔 길
꽃길 아니면 어떠리
뒤돌아보지 않고
오늘도 한강 다리 건넌다

호미의 습성

보이지 않는 너의 힘 믿고
이 봄 무엇이든 심는 나

야윈 마음밭 새벽에 일구어
눈 틔운 새싹들이

내 안이 깜깜해서 자라지 않는
어둠 밀어내기 위해

봄비 내리는 날 밖에 내놓아
봄맞이 시킨다

없는 것의 깊이
그 깊이 어디쯤에 자라고 있을
호미의 가을 경지

제3부

꽃의 고백

매화

남창에 봄볕 들어
눈 틔우려 광양에 갔다

바람 거슬러
흰나비 밭에 앉다

향기 타고 내려온 달빛
꽃비를 긷다 엎질러

온 산이 뒤집어쓰고 진동한다
그리움이 빚어낸 넋

훨훨 날아
학비늘 되어 쌓이다

이른 봄날

어디선가 두런거리는 소리에
밤새내 잠 설치고
떠도는 소문에 귀 기울이며
잠복 중인 바람기는 고샅길을 서성인다

햇살에 어우러진 울타리마다
눈부시게 피어나는 꽃무더기로
가슴앓이 도져와
처방전 없이 약국 찾는다
둥둥 떠다니는 발길 갈앉히고
켜켜이 쌓인 먼지 털어내
창문을 닦는다

이런 날엔 햇볕이 보약이라며
옆집 할머니는 마루 끝에 앉아
훨훨 날아가는 흰나비 따라
엊그제 꽃가마 타고 오던 길 떠올리는지

지난 저녁 돋아난 상사화
제 그림자 한 뼘 늘리고
저 멀리 강 가에
버들가지 하늘 거리네

봄, 삼청동 길

아침 저녁으로 넘나드는 길
사월 삼청터널
이 길은 지금
여학교 교정이다
외로움과 어둠을 노래하던
방황의 날들이 한줄기 비에 씻기어
뜨거운 숨결로 꿈틀거린다
나뭇가지에 수많은 새들 햇빛을 쪼아
노랑 분홍 하얗게
화사한 웃음들이 조회를 하고 있다
가시나들 온갖 조잘거림이
초병 어깨에 내려 앉아
위문편지 꽃잎으로 흩날린다
졸졸 흐르라는 가르침
알 수 없는 물음표만 던질 뿐
라일락 향기 배어있는 별들의 이야기
곳곳에 쌓여
황사에 호흡기 막혀도
꽃궁전은 지어지고
수다스런 봄은 깔깔 웃는다

목련(木蓮)

붉은 울음이 달밤 침입하여
은방울 소리로 속삭이면
굳게 닫혔던 창이 열리고
높이 쌓았던 담장이 무너지며
노래가 되살아난다

단 한번만 사랑하고자 했으나
연년(年年)이 찾아온 흰 불륜
가슴에 신앙심처럼 심어져
매번 침몰하면서 붓으로
허기진 시간을 끌고 간다

봄빛의 종소리 따라
하늘 우러러 잎을 떨구니
뜨거운 무늬가 무늬 만들어
마음은 온통 화석(花石)이다
신의 음성에 귀 기울인다

기다림은 살아난다

– 목련 앞에서

휘몰아치는 바람과 맞서더니
봄빛 보다 더 환하게
꽃을 피워
첫눈 오는 날 약속처럼
서성이게 한다

스러져 버린 이름들이 살아나
떨리는 목소리로 속살거리면
이 땅에 지는 꽃은 없는 줄 알았지만
시린 웃음 머금고
아픈 것에는 소리가 울려
바람의 덧없음을 내게 일러주었다

담장 너머 온갖 사연들이
눈부신 몸짓으로 피어오르면
체득한 부호들이 별로 뜬다

그윽한 향기 삭이고
꽃잎 강으로 흘러가
기다림은 늘상 다시 살아난다

꽃의 뒷모습

저마다 아직 피지 못한 채
꺾여온 진열대 위 꽃숭어리
웃음 짓기 위해
매만지는 손끝에서 다시 피어난다

놓쳐버린 시간
거뭇한 꽃잎 금가루로 단장하고
드러나는 상처 가려
락스 물에 줄기 담그면
가까스로 벙그는 몸짓
청청히 살아야 하는 숨결

계절도 잊어버리고
불꽃으로 사루어야 하는 뒷모습
향기 흩날리며
다시 제 모습 찾는다

나팔꽃

별 유난히 빛나는 밤

눈 감으면 보이는 그대

무게로 밀려와 품고 잤다

까만 씨로 영글어

창 밑에 심었더니

아침마다 이슬 머금고

찾아와 웃는다

고향집 복숭아밭

하루의 얼룩 씻으려
올려다보는 하늘에
솜털구름이 함박꽃으로 피어나
그대 얼굴인가 싶다

나 홀로 걸어온 자갈밭
탱탱히 발목 부어올라도
하늘빛은 사뭇 파랗기만 하구나

점점 다가서는 발걸음
손 놓는가 싶으면
대답할 수 없는 물음이
무릎 꿇어 손 모으게 하더니
좁은 길 일러준다

누군가를 그리워하며
선뜻 완행열차 타고서
고향마을 찾아들어
노을빛 번지는 복숭아밭 사이
꿈길을 거닌다

꽃불

부스러진 조각 짜 맞추는 시간
봄은 물러갔다
하얀 손수건이나 흔드는
옛날이고 싶지 않다

간간히 불어오는 바람에
불땀이 되살아나
온 골목길을 다 태우고도
어쩌자고 저리 붉은 뜨거움인지

하얀 재로 칠팔월을 지낸 샐비어
향기마저 남김없이 사르고
내려앉지 못한 나비의 날갯짓에
꽃잎의 울음이 번져온다

꽃의 고백

천지를 흔들던 바보들의 시간
바람의 힘을 빌려 핑크빛 목숨
화병에 꽂혀 희미한 본능으로
세상 어머니들의 아들들을 범했다
꺾인 삶의 무늬가 날마다
그의 가슴을 파고들자 함박꽃들이 피어나
함성을 지르며 지상을 모두 점령한 잎
흔들리는 풍경이 가라앉는다
붉은 가지들이 울컥울컥
피를 토해내기 시작한다

가시연꽃

연못,
여름내 꾸던 꿈
활짝 펼쳐지고 있다

어둠을 밀어내고 올라 온
보라의 광채 호흡이 가파르다
벌어지지 않은 입으로
가시방석에 앉아 설법을 하니
요동치던 늪이 잠잠해지기 시작했다

네가 어디서 태어났는지 묻지 않으며
삶이 왜 가시투성이냐고 묻지 않으리라
얼마나 모질면 제살 찢고 올라와 저리 태연할까
늙은 눈 외면한 채
혈관으로 돌고 있는 물소리

남보다 더 밝은 귀와 눈을 가지고
바람 재우는 법을 터득 하느라
온 몸에 돋은 가시
묶고 있는 속박에서 벗어나
달빛으로 흔적을 지운다

가로등과 달맞이꽃

서녘 하늘에 노을이 물들기 시작하면
대문 앞 가로등 아래
달맞이꽃이 피어나네

불어오는 미풍에 깜박이더니
어둠 속에서 해매이다
남쪽으로 떠나며 산 넘고 넘었네

빛을 삼킨 골목길 더듬거리다가
담벼락에 부딪칠 때 마다
시간은 정지된 듯 싫었고
창문 흔드는 바람 소리에
서둘러 커튼 드리우고 안경 벋었네

내 발걸음만 비추던 가로등빛
온 동네를 환하게 밝히어
골목마다 무수히 피어나고 있네

밤이 깊어지고 더 또렷해지는 자태로
향기 피워올려 새벽을 밝히네

장미꽃가지 흔들며

달빛 기운 강가에 모여 앉아
낡은 수첩 꺼내어 펼치니
물 깊숙이 내려온 산도
관솔개비 타는 이야기 듣는다

마주 앉아 잔을 기울여도
저마다 섬이 되고
산 너머 바람 불어와
장미꽃가지 흔드니
마른 꽃잎 떨어져
탁자 위에 뒹군다

타다 남은 불씨마저 사위어 갈 때
아프로디테※의 장난은
얼굴에 패인 주름살
강물에 빠뜨려 버렸다

멀리서 들려오는 뻐꾸기 울음소리에
유월의 녹음이 짙어오고 있었다

※ 아프로디테 : 그리스 신화에 나오는 미와 사랑의 여신.

단풍과 낮달

늦가을 비를 맞고 몸살 앓다가
바람 불면 내몰린 구석에 앉아
십자가 바라보다 손바닥을 펴봅니다

기다림에 지쳐
핏빛으로 물들더니
하늘가 한자락 잡고 맴돌다
낮달로 떠서
시인의 한마디 말로 피어납니다

지난 여름
활활 타오르던 불꽃으로
푸른 뼈 마디마디
매미 울음소리 새겨
철새도 떠나가는 석양녘에
노을빛 받아 한올 두올 수를 놓습니다

귀뚜라미와 함께
뜬눈으로 지새우는 밤
그대여
훌쩍 떠나는 뒷모습
발돋움하고 불러보지만
그림자는 보이질 않습니다

바람 부는 날 들국화

소슬바람 불어오고
억새가 서걱거리는 울타리 밑에
거미줄 쳐진 대문 기운 집
지천으로 앞마당에 들국화 피었다

황국 소국 피는 밤이면
가얏고 울리며
잔속에 초승달이 떠올랐지

하얗게 부서지는 달빛 아래
퇴색한 대들보 무늬 살아나
무너진 담장 이야기는 서럽다

봄 여름 마주하지 못하고
가을마당에 피어나
깊은 잠 깨운다

모두가 떠나간 자리
아린 향기로 가득 채우고
바람 부는 날
흐르는 물에 얼굴 비춰
소나무 올려다 본다

가을을 흔드는 여인

고향이 떠오르지 않을 때는
한적한 오솔길을 찾는다
가냘픈 목과 긴 허리
기댈 수 있는 어깨를 내어준다

허공에 꽃잎무덤
떠나간 혼들이 일어나
한판 굿을 벌이는 무녀
바람과 호흡 맞추었다

희미한 달빛아래
무늬를 지우고
중심을 잡으려고 안간힘을 쓰지만
흔들리는 몸짓에 돛을 달아 올린다

구경하던 무리들 점점 채색되어
서리 길 하나 둘 떠나가고
훗날 마른 꽃잎 한 장으로 기억 될 웃음이
구월을 흔들고 있다

겨울바다엔 가지 말아야지

하루하루 말씨 줄어들 때
겨울바다를 찾았지
먹구름 올려다보다가
살풀이춤 추었어
밀려온 파도는
잔잔히 등을 쓰다듬어
넓은 품 안으로 껴안았지

푸른 물결위에 욱신거림 내려놓느라
온 몸으로 출렁거렸지
모래밭에 잃어버린 시계 그려놓고
불 밝힌 등대 아래서
종이배 하나 띄웠지

저 멀리 갈매기 날갯짓에
혼자 부르던 노래 되살아나
바다 노을 남겨둔 채 돌아왔지

잃어버린 말씨 찾으려
다시는 겨울바다에 가지 말아야지

눈 내리는 밤

한밤 중
낮고 낮아진 하늘에서
말씀이 내려온다
말들이 밤새내 쌓여
은백으로 반짝인다

소리 없이 내리는 눈발
이 땅에 서린 이야기 주름져 오지만
한마디 알아들을 수 없어
가물거리는 기억 되살린다

서둘러 강을 건너간 사람들
만남과 헤어짐의 행간을 가르고
문풍지 울리던 바람 싸안는다

텅 빈 나만의 방안에서
불러보고 싶은 이름
마른 입술만 달싹일 뿐

멍치끝 추켜세우고
끝내는 벽을 향해 돌아앉는다

눈 내리는 밤
옷깃 세우고 먼 길을 걸어
산천 바라보노라면
아버지와 함께 듣던 재야의
종소리

겨울 식물

찬란한 계절이 찾아와
뇌를 헤집고 가는 날이면
참지 못하고 땅속으로 망명한 그는
촛불 켜고 한줄기 음악을 마시고
태울 것이 없는 겨울 내내
무엇인가 내연의 불꽃을 태우고 있다

쩡쩡 날씨는 날마다 으름장을 놓고
까마귀 떼 날아와
죽음의 비밀을 알지 못하는 부리 세워 쪼아대지만
체온 잃어가는 마른 풀잎의 기다림
연약한 생명은 여전히 시체 놀이 한다

시체 놀이에 얽매인 것도 봄비에 끝이 나
잎으로 피는 기억이 그린
나뭇가지 눈망울
얼어붙었던 땅이 침몰한 빛의 불씨를 찾아
불을 밝히기 시작할 무렵
그에게도 봄물이 오른다

겨울나무

지난 밤 찬바람에도
가지마다 하늘 향하여
맨 몸으로 우러른다

잎새는 멀리 떠나지 못하고
떨어진 자리 맴돌다가

잃어버린 옛 이야기 찾아
길 위에서 뒹굴며
제 발치에 쌓인다

푸르던 날 어우르던 새들 떠나가고
한겨울 바람소리 내 달리는 언덕에
깃털 하나 내려앉는다

나무는 바람에 휘감기며
봄날을 기다리는 제 자리에서
하얀 길을 내다본다

관음죽

관음죽 하나 현관에 들여 놓고
깻묵도 한줌 놓아주고 물도 주고
마른 걸레로 닦아 윤기 비단결이다
뜻에 부응하는 기세가 당당하여
현관문은 언제나 믿음직스럽고
허기지고 목마른 일은 없을 것 같아
사철 신선한 잎맥에 두근거렸다

어느덧 잎이 우거져 문을 가리고
그늘이 짙어지자 그 잎에 사나운 바람이
일기시작 옆에 있던 선인장이
베란다로 밀려나가 메마른 숨소리에
모래바람이 날렸다
가느다란 숨결로 갈증 찾아 헤매다
가시 내세우며 구부러진 시간의
독백으로 꽃을 피우는 선인장

꿈의 정원

힘찬 날갯짓으로
석양이 물든 호수 위를 날고 있다
꽉 막힌 길을 물비린내로 뚫어
바람의 길이 푸르다

한때 슬픈 노래로 살던 날개
평생을 비틀거리다가
수양버들이 늘어진 연못가
어디선가 들려오는 맑은
물소리 잠자리까지 따라와

버드나무 짙푸른 끝자락
잎을 잡고 생생한 빛깔 꿈꾸며
일제히 날아오르는 새들의 비상
머리말을 지키고 있다

제4부

시집 평설

■ 시집 평설

세 시역의 아름다운 조화

박진환

(시인 · 문학평론가)

1. 前提

스스로가 설정한 시의 세계나 시로써 실현하고자 하는 이데아나 이를 실천함으로써 안주하고자 하는 시의 공간은 시인마다 각기 달리하기 마련이다. 시인마다 세계나 우주, 자연이나 인생에 대한 생각이 일치할 수는 없기 때문이다.

소의로 해서 크게는 세계일주를 노래한 괴테의 「파우스트」나 단테의 삼계의 순례인 「神曲」과 같은 대 서사시가 있을 수 있고, 작게는 개인적 감정이입으로 자연을 해석하거나 노래할 수도 있게 된다.

시인을 두고 세계의 눈이라느니, 알려지지 않는 세계의 입법자라고 하는 것도 이런 연유와 무관하지 않다고 본다. 시인이 세계의 눈일 수 있는 것은 단순한 육안으로 조망할 수 있는 그런 세계가 아니고 육안으로 발견할 수 없는 또 다른 세계인 창조적 경로를 통한 새로운 세계의 발견자라는 뜻으로도 풀이될 수 있다. 그리고 세계의 입법자라는 말은 기 시행되는 세계질서로서의 법이 아니라 법을 초월했을 때 이루어질 수 있는 초법적 입법이라고 풀이해야 온당할 듯싶다. 왜냐하면 시인은 상상의 세계를 꿈꾸고 그 세계에 질서를 부여, 미적 세계를 창조해내는 그런 입법자이기 때문이다.

그렇다고 모든 시인이 세계의 눈이 되고 입법자가 되는 것은 아니다. 어쩌면 시인은 이데아나 상상의 세계가 아닌 인간의 고통이나 상심·동경 따위를 이야기하는 자기 자신을 이야기하는 자일 수도 있기 때문이다.

어쩌면 시인은 거대한 이상보다 소박한 자기 자신의 삶을 표현함으로써 진실에 값하는 것이기를 희망할 수도 있고, 또 그러한 진실에 값하는 시적 실현을 제1의로 선행시킬 수도 있다. 어떤 의미로 해석하든 시는 진실 자체이기보다 진실에 값하는 등가치라는 점에서 시는 존재 이유를 성립시킨다고 할 수 있다.

시집 『아침을 여는 새』를 상재한 최연숙 시인의 시도 거대 담론은 아닐지라도 스스로의 내면 풍경과 사물이나 존재에서 발견해내는 비의, 그리고 소박한 자연 감정으로 포착한 것들을 형상으로 재구성해내는 그의 시작법의 진솔성이 충분히 진실에 값하는 것을 보여주고 있다.

3부에 나누어 총 75편의 시를 수록하고 있는 시집 『아침을 여는 새』는 세 시역으로 나누어 삼분법을 적용해 볼 수 있을 것으로 보여진다. 첫째 시역은 스스로의 내면 풍경을 형상화 하는 일종의 전경화로, 두 번째 시역은 기존의 사물이나 존재의 현장성을 시적으로 재구성해내는 변용으로, 그리고 셋째 시역은 순수한 자연 감정으로 접근한 사계의 순환이나 순환이 수반하며 환기시키는 자연의 무위성을 형상으로 빚어내는 형상화 작업을 시집의 중심에 놓을 수 있을 것으로 보여진다.

세 시역을 시를 제시, 구체화 했을 때 시에 대한 이해와 함께 최연숙 시인의 시적 본질에의 접근은 이루어질 것으로 본다.

2. 세 시역의 조명

시집 제1부에 수록된 시편들은 전제에서 밝혔듯이 전경화 수법에 의존한, 시인 자신의 내면 풍경을 후경으로 이를 전경화 하고 있다고 보여진다. 시인에게 있어 내면 풍경은 크게는 정신적인 것으로, 작게는 정서적인 것으로 나누어 볼 수도 있고 이 둘을 조화로운 시적 질서로 이끌어 내어 펼쳐 보여주는 전경화로 보아줄 수도 있다.

주지하다시피 전경화는 시인이 드러내고 싶은 본디의 것을 짐짓 후경으로 뒤에 은폐하고 이를 전경화, 앞에 진열하는 러시아 형식주의가 제기했던 레토릭의 하나다. 정신적 지양이나 정서적 감동을 사물의 이미지로 재구성, 풍경으로 펼쳐 보이는 낯설게 하기는 일종의 변용이다. 그 때문에 친숙성이 배제되고 자동 전달력의 관념이나 정서가 배제돼 생경할 수밖에 없게 된다. 일종의 기존의 질서나 타성화한 관념으로부터의 일탈이자 탈출일 수도 있다. 여기에서 탄생한 것이 고정화한 관념이나 잘 길들여진 정서의 제로화가 이루어지고 그 대신 새로운 관념, 새로운 정서의 탄생을 체험하게 해준다.

시를 제시했을 때 이해를 도울 것으로 본다.

가) 내 기다림은
광화문 빌딩 모서리에
수북이 피어난 안개꽃이다

첫눈 내린다는 일기예보에 나섰더니

나뭇가지에 내린 눈송이 눈 부시고
길 위엔 별빛들이 쏟아진다

불빛의 강을 바라보며
잃어버린 시간들 추스려
못 다한 말로 공간을 메워보려 해도
한마디 챙길 수가 없다

서툴렀던 몸짓의 지난 그림자
하늘 깊이 묻어버리고
이제 곧추서는 연습을 해야 한다

사랑한 날 보다 더 긴 기다림
어둠 속에 심어 놓고
희미해진 별빛 한데 모아
짙은 안개꽃 위에 뿌린다

나) 농원에서 마주보며 웃은 인연으로
블루베리나무와 함께 살게 되었다
한겨울 아랫목에 묻어놓고
종일 너만 바라다보았고

그러는 나를 외면 할 수 없었던지
겨울잠을 자지 않고 깨어있던 너
어느 날 무수히 종을 달고 나와
방안의 어둠을 타종으로 걷어내고
은근히 퍼지는 종소리에 취해
매서운 바람만 피하면
봄이라 생각 했다
아랫목이 사랑이라고 믿으며
열매 맺지 못하는 흩어진 꽃잎
그 위에 가슴을 대고
한없이 떨어지고 있다

예시 가)는 「어떤 기다림」, 나)는 「어느 날 탐미」의 각각 전문이다. 예시에서의 기다림이나 탐미는 다 같이 정서적 작용의 하나다. 누군가가 와 주기를 기다림이나 아름다움에 도취돼 빠지는 것은 다 같이 정서의 환기다. 이 환기된 정서는 내면적인 것으로서 이를 형상으로 재구성했을 때 정서로서의 후경이 되고 이를 형상으로 재구성해 전면에 배치했을 때 전경화가 된다.

기다림을 '광화문 빌딩 모서리에/수북이 피어난 안개꽃'으로 형상화한다든지, '눈송이'나 '별빛'으로 변용한다든지, '질은 안개꽃'으로 그리움의 속성을 사물을 빌어 구체화, 형상으로 재구성해내는 것 등은 예시가 전경화의 수법을 빌어 내면에 감춘 후경을 전면에 풍경으로 펼쳐 보여준 것이 된다.

이러한 전경화 수법은 예시 나)에도 맥락을 잇대이고 있다. 탐미란 미적 정서 내지는 미적 도취를 정서가 아닌 '종'으로 변용, 타종의 종소리를 울려 퍼지게 하여 종소리를 통해 '봄'을 연상하게 하는 연상 상상의 자유로운 이미지의 연결로 재구성해내는 것도 전경화의 수법이다.

예시가 보여주는 정서의 변용을 통한 재구성이나 형상으로 빚어 은폐된 후경의 전면에 배치하여 풍경으로 펼쳐 보여주는 것은 다 같이 최연숙 시인이 전경화 수법을 즐겨 쓰고 있다는 것을 보여주는 것이 된다.

제2 시역이라고나 할까, 2부에 수록된 시편들이 보여주는 시적 리얼리티는 다양한 변형의 솜씨에 의존되고 있다고 보여진다. 주지하다시피 변형은 본디의 모양을 본디의 것과 바꿔 다르게 꾸며내는 것으로서 일종의 꼴바꿈이다. 흡사 변용과 같으나 변용이 관념이나 정서 따위의 내면적이고도 정신적인 무형의 것을 개조한 것이라면 변형은 형태를 갖춘 것의 정서나 관념의 내면적인 것에 대응되는 외양을 갖춘 것을 본디의 것과 다른 모습으로 개조해낸 꼴바꿈쯤이 된다.

최연숙 시인의 시는 변용보다 변형의 솜씨에 더 의존되고 있다고 보여지는데 제2부의 현장성이 강한 리얼리티를 꼴바꾸기로 드러내 보여준 것은 이에 해당될 듯싶다. 역시 시를 제시해 본다.

가) 우리 동네가 담벼락에 키운 장미
붉은 입술들의 배웅을 받으며 무거운 어깨들이
일용할 양식을 얻기 위하여
예배당으로 발걸음을 옮기는 시간
입술은 타인의 먼지도 가지고 나와 턴다
행인들 등 뒤에 묻어나기도 하고
옆집 창문에 달라붙어 안방이 골목으로
끌려 나오기도 한다
절정을 이룬 한 송이 꽃이 남발한 향기
벌떼들의 아우성에 손톱이 뒤섞여
담벼락 긁는다
벌떼들의 독침 엉킨 머리카락
소문이 동네를 뜯어먹어 짓밟힌 골목
문패 하나씩 지워가며 한낮에도
쥐 죽은 듯이 고요한 동네
담벼락 꽃 대신 자동차가 운반 되어
경계가 무너진 날 너를 사랑한다는

가장 위력 있는 말로 벌집을 만든다

나) 산자락 밑에 산을 닮은 사람들
물안개로 피어나

굽이굽이 돌며 맑고 투명한
말씀 전하고 있다
받아 마신 말씀이 투영되어
속이 훤히 들여다보이는

거짓말이 살 수 없는 강가에
철새들이 날아와 목을 축이며
지친 날개를 내려놓는다

지켜보는 깊이의 흐름
기슭, 언덕에 그리움으로 남아
하얗게 하얗게 강 건너고 있다

예시 가)는 「벌떼」, 나는 「섬진강」의 각각 전문이다. 예시는 예외 없이 자동전달로서의 고정관념이 배제되고 의외의 발상이 동원돼 낯설게 꾸며지고 있다. 사실의 왜곡이자 왜곡을 통한 변형이라 할 수 있다.

예시 가)가 다루고 있는 시적 대상은 「벌떼」 다. 자동전달의 고정관념으로 풀이하면 '꿀', '독침', '집단의 군집성' 등의 고정관념이 자동전달 되기 마련이다. 헌데 예시에선 단 하나의 시어도 그런 연계성의 것을 발견할 수 없는 낯설음만을 드러낸다. 변형의 결과다. 예시에서 '장미꽃잎'으로 유추되는 '붉은 입술들의 배웅'이나 '벌떼들의 아우성에 손톱이 뒤섞여/담벼락을 긁는다'느니 등은 의외적이고도 당돌한 발상이다. 본디의 것을 비틀어 왜곡했거나 '벌떼'라는 본디의 것은 뒤에 감추고, 유의나 암시만으로 드러내고자 했기 때문이다.

예시 나)도 예외는 아니다. '섬진강'의 물이 맑다거나, 강변에 산수유가 흐드러지게 피었다거나, 몰려든 관광객들 나들이로 인산인해를 이루었다거나 하는 고정화된 보편적 상식과는 거리가 먼 의외의 발상들이 동원되고 있는데 강과는 상관이 없는 '산자락 밑에 산을 닮은 사람'들을 내세워 강의 이미지가 산으로 이동되고 있는가 하면, 흐르는 강물이 도란도란 속삭이며 흐르는 것이 아니라 '투명한 말씀'과 그 말씀의 투명도가 거울이라도 되듯 강물 속을 훤히 들여다보이게 하는 의외의 발상으로 시가 형상화 되고 있다. 그뿐인가 '거짓말이 살 수 없는 강가'를 설정함으로써 순수 무위나 문명에 때 묻지 않는 순수를 제시하고 그 때문에 오염되지 않는 서식지로

서의 철새들의 도래지로 이끌어 간다.

이러한 발상은 결국 섬진강이라고 하는 눈에 익고, 익어 고정화된 관념들에서 일탈, 새로운 관념을 탄생시킨 결과로서 본디의 것을 새로운 모습으로 꼴바꾸기 하는 변형을 성립시키는데 기여하게 된다.

끝으로 하나 더 제시할 수 있는 시역이 자연을 대상으로 노래한 자연 시편들이다. 필연적으로 계절이 대상화 하고, 소의로 해서 계절사물이나 자연교감이 이루어질 수밖에 없게 된다. 시인은 자연친화력에서 시를 출발시키면서도 형상화는 변형이나 낯설게라는 전경화에 의탁하고 있음을 보여주고 있다. 역시 시를 제시했을 때 이해를 도울 것으로 여겨진다.

가) 남창에 봄볕 들어
눈 틔우려 광양에 갔다

바람 거슬러
흰나비 밭에 앉다

향기 타고 내려온 달빛
꽃비를 긷다 엎질러

온 산이 뒤집어쓰고 진동한다
그리움이 빚어낸 넋

훨훨 날아
학비늘 되어 쌓이다

나) 붉은 울음이 달밤 침입하여
은방울 소리로 속삭이면
굳게 닫혔던 창이 열리고
높이 쌓았던 담장이 무너지며
노래가 되살아난다

단 한번만 사랑하고자 했으나
연년(年年)이 찾아온 흰 불륜
가슴에 신앙심처럼 심어져
매번 침몰하면서 붓으로
허기진 시간을 끌고 간다

봄빛의 종소리 따라
하늘 우러러 잎을 떨구니
뜨거운 무늬가 무늬 만들어

마음은 온통 화석(花石)이다
신의 음성에 귀 기울인다

예시 가)는 「매화」, 나)는 「목련」의 각각 전문이다. 봄꽃을 형상화한 매화와 목련을 골라 봤는데 역시 낯설음과 만나게 한다. 낯설다는 것은 비친숙성의 것으로 위장했다는 뜻과 함께 친숙성의 것들을 은폐했다는 뜻인데 전경화 수법으로 말하면 전경과 후경으로 대상을 낯설게 펼쳤다는 뜻과 통하게 된다.

예시 가)에서의 1, 2연은 다소 낯익은 친숙성의 것들이다. 그러나 3, 4, 5연은 낯이 설다. 3연에서의 '향기 타고 내려온 달빛/꽃비를 긷다 엎질러'는 신선하다. 4연 '온 산이 뒤집어 쓰고 진동한다'와 종연 '훨훨 날아/학비늘 되어 쌓인다'도 의외·당돌의 이미지들이다. 역시 변용·변형·낯설게 쓰기라는 시법의 정공법적 구사다.

예시 나)도 같은 맥락성으로 이해될 수 있다. 목련의 이미지를 정서적 해석이 아닌 '붉은 울음'이니 '연년이 찾아온 흰 불륜'으로 채색 이미지로 붉음과 흼으로 상충시키는 양극화나 떨어지는 꽃잎이 봄빛의 종소리에 맞춰 낙화한다든지, '마음은 온통 화석(花石)'이라든지로 의외의 발상에서 이끌어내는 遠引的 비유의 솜씨가 보여주는 메타포도 현대적 시법에의 충실로 읽어줄 수 있는 부분들이다.

이는 이번 시집의 세 시역이 예외 없이 시역의 구분과는 달리 그 드러냄의 시법에선 한 질서의 맥락을 지니는 것으로 읽어 줄 수 있게 한다. 이쯤에서 결론을 제시해도 될 듯싶다.

3. 결어

주마간산 격으로 일별해본 최연숙 시인의 시집『아침을 여는 새』에 대한 조명은 이러하거니와 이를 집약하면 결론이 될 듯싶다.

이번 시집의 세 시역은 첫째 내면적이고도 정신적인 것들을 형상으로 재구성해내고 있다는 점과 둘째 기존의 사물이나 존재의 시적 변용을 통한 형상화, 그리고 셋째 자연 사물이나 계절 감정을 발상으로 한 낯설게 쓰기 등으로 집약할 수 있다고 본다.

그리고 이를 실천하기 위한 시법으로는 변용·변형과 같은 낯설게 쓰기와 전경화 수법이 동원됐고 또 이를 효과적으로 활용하는데 기여했다는 점이 이번 시집으로 거둔 성과로 지적될 수 있을 것으로 본다.

최연숙 시인은 전북 부안에서 출생하였다. 『조선문학』에 시가 당선되어 문단에 데뷔하였으며 형상21시문학회 회장을 역임하였다. 현재 한국문인협회 · 한국현대시인협회 회원이며 조선문학문인회 이사를 맡고 있다. E-mail : wind_ys@hanmail.net
H.P : 010-3078-2946

아침을 여는 새

2013년 11월 20일 인쇄
2013년 11월 30일 발행

지은이 / 최연숙
발행인 / 박진환
펴낸곳 / 조선문학사
등록번호 / 1-2733
주소 / 110-092 서울 서대문구 홍제2동 96-4
대표전화 / 730-2255
팩스 / 723-9373

ISBN 978-89-98115-38-8

정가 10,000원

* 인지는 저자와 합의 하에 생략
* 잘못된 책은 서점에서 교환해 드립니다.